AF397529

Para Elena

Poemas

Juan José Donaire García

Copyright © Juan José Donaire García 2021
Autor inscrito en el Registro Central de Autores y Editores de Barcelona.
Diseño de portada por "macrovector/Freepik"
Foto de portada Elena Cases Valle
Impresión y editorial: BoD – Books on Demand
info@bod.com.es — www.bod.com.es
Impreso en Alemania – Printed in Germany

ISBN: 9788411230032

Prólogo

Nos conocemos hace tres días y parece que nos conocemos hace veinte años por lo menos. Claro que te he explicado dos guerras, no sé cuántas batallitas y rollos diversos, y en tres días sabes más de mí que quien me conoce de siempre. Y yo te conozco porque además de escritor soy lector... pero me refiero a lector de ojos... y en el primer instante, leí en ti lo que significaba tu mirada. Los ojos son las ventanas del alma y las sonrisas la entrada en ella. Y tú abrir tu corazón y tu alma en todo, es por eso que quedé atrapado. Volví a escuchar palabras que una vez cambiaron mi vida. "He conocido a un poeta y me he enamorado de sus letras". Hoy esas mismas palabras resuenan en mi mente, y vienen de la persona que rescató mi alma cuando más lo necesité, y en ella me inspiré para hacer este poemario que le dedico con todo mi cariño y mi corazón. Ella me regaló esta hermosa prosa poética…

"Como una flor, que florece en medio de un desierto
árido y yermo de amor.
Como una mariposa, que aletea temblorosa en el rincón
más glacial del corazón.
Como el sentimiento, que sin permiso penetra en el alma,
haciendo caso omiso al nublado de la razón.
Como el anhelo más pasional, que aviva la sed del delirio
y seduce el momento.
Como la ola que rompe el dique seco, mojando de alegría
el devenir de tus días.
Así siento que sientes… Cuando te pienso".

———————

No sabes cuánto…

Sí, soy ese páramo, ese desierto,
una estepa, un erial de amor,
un pajarillo, herido y muerto
su ardiente corazón roto de dolor.

Tanto que perdí la razón, cierto,
pero en ese delirio, en ese clamor,
apareciste tú, y con tu fulgor
y con una ola y con gran acierto.

Me sacaste aquel dique seco,
tu hermosa alegría secó mi llanto,
aquel agrio amor de sabor reseco.

Y es por eso que te quiero tanto,
es por eso, y que de tu voz el eco
vive en mi alma, no sabes cuánto.

———————

Magno malestar.

Anquilosados ánimos
batidos por incerteza,
piedras sin camino,
aguas bravas sin mar.

Crucigrama imposible
pensador sin cabeza,
ruedas de molino,
destino sin alcanzar.

Ascuas sin un fuego
fuentes de maleza,
sensatez un comino,
nada donde recalar.

Fruncidos los ceños
sacos de torpeza,
la copa de un pino,
magno malestar.

———————

Causas.

Indiferentes causas
que liberan de la pasión,
asistentes del corazón
herido de muerte, causas...

Que rompen y rasgan
que anulan e impiden
que no sobreviven
que al final matan.

Seguras las rutas,
manejar los cauces,
realizar permutas...

Pragmatismo, fauces
del lobo, angosturas
de un río sin cauce.

———————————

Llora el cielo.

Anochecer de una mañana
que disfrazada con negro luto
llora con la incipiente lluvia,
anochecer temprano, impoluto.

Llora el cielo para mojar alas
de los ángeles y muere el fruto
inundado por el manto de soledad,
me mojo y así lo disfruto.

La o ni con un canuto...
todo son consonantes,
a lo bestia, a lo bruto.

Todo son asonantes,
minúsculas, diminutos
sonidos, más atronantes.

———————

Conciencia.

Remueve la conciencia
las entrañas, destripa, araña,
un nudo busca la maraña
confiar en la ciencia...

Es la salida y la paciencia
su madre que la acompaña,
para resistir la campaña,
se retuerce la conciencia...

En su propia esencia
se sostiene con saña,
por la inconsciencia.

Subir a una montaña
divisar una presencia
esa es la gran hazaña.

———————

Cansada.

Cansada de volar paloma
que quiso abandonar el vuelo,
que quiso abandonar el cielo
para posarse en una loma.

Cansada ya de ser paloma
que quiso buscar en el suelo,
que quiso buscar el consuelo,
por poder forjar el axioma.

Pero cuando divisó el mar
ya quiso hacerse marinera,
y conjugar el verbo amar.

Y se lanzose a la albufera
para con sus alas rozar
la cima de alguna quimera.

———————

Consuelo.

Nada me seduce más que la frescura
de palabras que surgen de la pasión
forjada por el latir de un corazón,
es claridad que cura mi zona oscura.

Nada me seduce más que la dulzura
de las voces que hablan de alguna ilusión
cargada de sentires y de razón,
bordadas para sanar esta amargura.

Nada me mata más que la propia vida,
que por vivirla muero todos los días,
reviviendo al día siguiente querida.

Nada hace vivir más que la propia muerte,
que por el morir vivo todos los días,
morir, revivir, morir, así es mi suerte.

———

Rompe la noche.

Rompe la noche el silencio
que amenaza blandir espinas
que quiebran a las almas
despiertas de sequedad.

El hielo afincado en el seno
de las intrépidas torpezas
siembra escarcha en las
hipotérmicas miradas.

Es el grito aterrador y fiel
escudero de la soledad
que aprieta con sus garras
las dalinianas esquizofrenias.

Los relojes reblandecen
la rígida estructura del tiempo
y brilla la luz solar en la noche
si rompe la noche el silencio.

———————

Qué más da…

Pasiva... o impasiva...
qué más da, invasiva,
aguda e intolerante,
mordiente, tajante...

Activista... o activa...
qué más da, incisiva,
sesuda e insaciante,
oscilante, cambiante.

Así es la providencia
caprichosa, acuciante,
así es la conciencia...

Peligrosa, cargante,
carente de solvencia,
letalmente anulante.

———————————

Amanece.

Se apaga el claro de luna,
discreta la noche se va
cerrándose en sí misma...
amanece, que no es poco.

Se abre camino la vida,
en las campiñas y valles,
despiertan los corazones
menos el mío... que loco.

Vaga por otro universo
alejado diferente, donde
la vida sabe a muy poco.

Amanece, que no es poco,
menos en mi corazón loco
hoy, ni mañana tampoco.

———————

Solo tú…

Eres tú y solo tú la dueña
de tus alegrías, del anhelo,
de tu llanto el pañuelo…
de tu talento escudera.

Eres tú y solo tú heredera
de tus pasiones, del sentir,
del cantar, del escribir…
eres verdad verdadera.

Sigue la ruta de tu alma
por tu camino y vereda,
eso te dará la calma.

Es un destino de seda
que hará sonar las palmas,
es el sol y la alameda.

———————

Distraídas miradas.

Distraídas miradas
que no quieren ver razones,
ni causas, ni emociones,
almas en pena, ajadas...

En la trilla de las cebadas,
perdidas todas las ilusiones
sin motivos, ni pasiones,
almas en tránsito, vejadas...

Anuladas, anegadas, negadas
a la luz de los caminos blancos,
por la soledad alumbradas.

Musa de los poetas, flanco
de las naves atracadas...
puerto de poeta barbiblanco.

———————

Cristalinas palabras.

Cristalinas palabras, pasión,
gotas de agua, transparencia
de la melancolía, rapsodia,
razones para latir un corazón.

Dulce romanticismo, ilusión,
caricias en el alma, custodia,
amparo, canto, himnodia,
bellas voces para la acción.

Entereza, firmeza, definición
de un concepto, el amor...
sin límites y sin condición.

Que hasta produce dolor,
pronóstico, contradicción
pero sin duda alguna, amor.

Se paran los pulsos.

Se paran los pulsos,
un nudo en el corazón,
se despista la razón,
qué tonos, qué impulsos...

Que estremecen el alma
que abrigan de la fría soledad,
metáfora que es verdad,
antorcha brillante, calma.

Elena, resplandeciente
luz, la mujer del Sol...
Helena griega deslumbrante.

El canto de un girasol
que mira la luz, expectante
en clave de sí bemol.

———

Dulce voz.

Me gusta sobre todo...
el sobretodo azul del mar
de tus saberes al amar
con palabras de un todo.

Dulce voz del acomodo,
a modo de oír, escuchar
el sutil canto al narrar...
pero de qué modo

Seducir y enamorar...
al poeta más oscuro
por sus versos honrar.

Lo que no vale un duro
conviertes lo haces cantar
como si fuese maduro.

——————————

Mi poeta favorita.

Cómo está mi poeta favorita,
la luz de mis versos de amor
en las largas noches de dolor,
cómo está mi princesa bendita.

Que me cura con su criptonita
de salmos que son resplandor
que alumbra mi sombra, primor,
cómo está mi princesa bonita.

Aquí un marinero te espera
a que baje la marea brava,
para sentir la voz que venera.

Esa risa que adora y alaba,
el viejo patrón en la ribera,
y leyéndote se le cae la baba.

———————

Sublime portavoz.

La mediocridad se hace grandeza
al deslizase por tu encantadora voz,
y la grandeza alcanza esa sutileza
sublime cuando tú eres su portavoz.

Un relato, un poema, una canción
engalanada por tu bella difusión
autodidacta, pero pura entonación
que le da brillo y llega al corazón.

Qué sería sin ti de un pobre poeta,
una más que frágil proposición,
fracaso, una emoción incompleta.

Levantas con todo ello pasión
y los sombreros de la cabeza,
es digno de la mayor ovación.

———————

Qué decir…

Qué decir de ti bella imperfección
si eres la causa y la pira de la ilusión,
el cauce del río que abraza un corazón
la fuente de vida que sostiene la razón.

Qué decir de ti bella imperfección
perfecta para un poeta, la difusión,
el motivo que quita la desesperación,
creando un foco de emoción.

Qué decir de ti almas en ruta...
y sus múltiples derivados...
caminos que son permuta...

Caminos inexplorados...
la vida de vida para un poeta
y sus sueños atolondrados.

———————

Exquisita redondez.

Admiro tu exquisita redondez,
tu fragancia lírica y tu voz,
eres poeta, y eres portavoz
eres la absoluta honradez.

El pálpito de un sentimiento
la luz que ilumina la razón,
los latidos de mi corazón,
el pulso de mi lamento.

Muerdo una magdalena
y me extraña su sabor,
pues es magna y Elena.

Ese es el sabor del amor,
el sabor de la cosa buena,
magna y además Elena.

———

Luz de poniente.

Es esa luz de poniente
que en mí alma anida,
es esa pasión latente
mi bella, mi querida...

Esa flor de occidente
es mi estrella lejana
pero siempre presente,
mi amor, mi hermana.

Solo nos separa un mar,
y qué distancia es esa
para poderte amar...

Un charco, un salto
al vacío que llena,
un sobresalto.

———————

Por qué…

Por qué la vida se empeña..
en cumplir cada vez más añcs
si de tu corazón eres dueña
de esa juventud y los reaños

De tu talante y tus risas...
que nos endulza la vida,
para qué tantas prisas
si eres una niña, querida.

Rompo ya el calendario
no hay más número y fecha,
mi cariño es el diario.

Cuando recibí tu flecha
en mi pecho solitario
eso es una cosa hecha.

———————

Princesa estrujada.

Sale una bella princesa
estrujada para sacar el jugo
de su encanto y belleza,
ahora se libera de ese yugo.

Pero su extrema bondad
supera todos los yugos,
su rostro habla de verdad,
puede dar muchos jugos.

Y los da con su corazón
con su alma se diría...
pues es su mayor razón.

Dar todo y en cada día,
no des todo el corazón...
que mañana será otro día.

———————

A veces…

A veces es imposible...
decir lo que hay que decir,
busco y no encuentro motivos
que me den explicaciones
ni tampoco las razones
para poderlas contar.

A veces cierro los ojos...
junto a la orilla del mar,
busco entre la arena y las olas
una perla que perdí, una lágrima,
una pena, una razón para amar.
solo me viene un verso para rimar.

A veces, algunas veces...
siento ganas de llorar
otras me tiendo en la arena,
y me dispongo a volar, soñar
que en una ola mi perla a de llegar.
escucho mi caracola, y me dejo llevar.

———————

Lindo susurro.

Llena con su lindo susurro
los espacios infinitos de la nada
convirtiéndolos en un todo...
que iluminan a este burro,
ileso que no piensa en más nada
pues en ella lo tiene todo...
y no le falta de nada...
y tiro monedas al aire,
aunque pinten bastos, nada o todo
por se cae una de canto...
me armaría de donaire,
cumpliría y recito o canto.

Cada palabra.

Cada palabra en su boca
es una flor de primavera,
una letra en mi mente loca
es un pétalo de margarita
por deshojar, una ilusión.

A su lado me provoca,
si con mis ojos la viera...
sería mi alma que evoca
un amor que no marchita,
pues sale del corazón.

———————

Hermosa criatura.

Sí, hermosa criatura...
antídoto de mis males
que me quita los puñales
me abraza y me cura...

Es tu voz aquella...
que a mí me sostiene
y sin saberlo me tiene
enamorado de ella...

Y tu presencia...
que me abduce, estrella
de mi cielo de ausencia.

Tu imagen bella...
me atrapa la conciencia
majestuosa doncella.

———————

La voz… tu voz…

Escucho la voz en tu voz…
que habla de la plenitud y la nada,
de la polipersonalidad soñada
y cantada por el grande de grandes,
la reversibilidad, el encuentro
atestado, pleno de desencuentro,
y la palabra al servicio del todo…
y de la nada, pues es la dicotomía
integradora de conceptos, la vía
donde chocan los trenes de ideas,
y las fantasías son realidad,
y la realidad es fantástica… por verdad.

———————————

Rendido.

Rendido el fuego de amor,
los animosos encuentros,
nos cerramos en adentros
que nos causaron dolor.

Almas heridas pavor
en frágiles corazones,
que no atendieron razones,
perdiendo en ese abandono
música, ritmo y el tono,
se murieron las pasiones.

———————

Como pompas de jabón.

Subo a la colina
del despropósito,
del esperpento
y a lo lejos…
las auroras boreales
norteñas por excelencia.
Dibujo con la mirada
caricias de colores
y en un momento
se disipan en el aire
como pompas de jabón.
Bajo de la colina
del despropósito,
del esperpento
y piso el suelo…
majestuosas sombras
sureñas por excelencia.
Dibujo con los labios
sonrisas de colores
y en un momento
se disipan en el aire
como pompas de jabón.

———————

Crispación.

Crispadas las angustias
disparan con certeza
tiros a quemarropa
directos la cabeza...
Encendidas las ansias
no permiten volar
anclados en la torpeza,
aprietan y aprietan...
Parecen querer explotar
romper la corteza,
distorsionar mentes
hundir con maleza...
Aparece muy sublime
la maldita tristeza,
con labios de fresa,
arrasadora princesa...

———————

Esperanza.

Albergaba esperanza
en una mujer, aquella
del lugar la más bella,
portaba un canasto
pleno de flores...

Miraba su linda figura
me fijaba en sus ojos,
idilio de mis antojos
con mi amor casto
lleno de colores...

Vino a mí una mañana
el sonido de su voz,
de un ángel portavoz
que no daba abasto
de sentir dolores.

———————

Esquivo.

Esquivo las avenidas
y cambio de aceras
por si me vieras,
me meto en el barro
para esquivarte...

No cojo los teléfonos
y no atiendo a razones,
hurgo por los cajones,
me meto en un tarro
para no hablarte...

Y sin querer queriendo
te busco y te encuentro
porque te llevo dentro,
me mareo y me agarro
para besarte...

———————

Sabores.

Beber de tus lindas aguas,
recibir tus hermosas olas,
escuchar en las caracolas
eran mi abrigo y paraguas.

Saborear esas tus sales,
los misterios de tu alma,
escucharte en esa calma
era lo que cura mis males.

De mi corazón no sales...
pues no se puede atrapar
el agua de los pesares...

De mi alma no sales...
pues no se puede amar
sin que tus aguas emanes.

———————

Así es el alma mía.

Todo lo que es poesía
lo transformo en poema,
así es el alma mía...
sin sombra ni dilema.

Allí donde hay jardín
lo cuido como jardinero,
soy como un Paladín
y cuido de mi huerto.

Así vivo y tal vez
cuando esté muerto
sonará un almirez.

Sonará la poesía
sin ningún problema,
así es el alma mía.

———————

Celestial canto.

Dulce, celestial canto,
armonía para renacer
a la vida, renacimiento,
el querer por querer...

Aunque no lo puedas ver
eres pócima para el lamento,
cómo no te voy a querer...

Si en tu luz está mi aliento,
cómo no quererte así,
si quitas todo el tormento.

Cómo si estás en mí...
cómo si te llevo dentro,
cómo si yo estoy en ti.

———————

Tener un amigo poeta.

Tener un amigo poeta chiquilla
es como tener una pesadilla,
pues si te acercas y te arrimas
te aburrirá con tantas rimas...

Tener un amigo poeta bonita
es como deshojar una margarita,
pues no sabrás si es literatura
o es que te ama a ti criatura...

Mirar a un poeta a los ojos
es como mirar un sentimiento,
pero también ver en los pozos
de su alma viajera, no te miento.

———

Estar vivo.

Se nubla el cielo,
se enmascara hoy...
pues una estrella
brillará con esplendor
aquí donde estoy...
Y con su luz
acariciará las almas,
gozarán de plenitud
por su resplandor,
vamos y voy...
A corazón abierto,
con alas desplegadas
llenas de ilusión para
cabalgar como cowboy...
a su grupa, que une
y nos agrupa, aquí
en directo... en vivo,
eso me hace estar... ídem.

———

Platicamos.

Le robamos horas a las noches
para acercar nuestras almas,
hablamos, nos tocamos palmas,
sin reservas y con derroches.

Le robamos horas a los sueños
para acercar tener las razones,
platicamos, unimos corazones,
somos de las noches dueños.

Noches de sol a la mandrágora
la luz en la oscura soledad,
noches que son reunión, ágora.

Asamblea griega, Red social
lejos, cerca otra ciudad estado,
pero siempre un sitio ideal.

———————

Resplandor.

Se apagan todas las estrellas
cuando tú con tu resplandor
las deslumbras, y todas ellas
se ciegan con tu fulgor...

Se esconden todos los soles
al ver salir de verdad un Sol,
pues no brillan los girasoles
comparados contigo... Sol...

Que iluminas torpes pasos
de un poeta y sus serenatas
nocturnas, y sus fracasos.

Luz de la luz del día... Sol...
estrella lejana, temprana,
serás para siempre mi Sol.

———————

El amor es…

El amor es esa brisa
que deja su rastro al pasar,
que va despacio sin prisa
lo importante es llegar.

El amor es la fragancia
que se queda para la calma,
que viste de tolerancia
si se quiere con el alma.

El amor es ese viento
que quiere ser tempestad,
el amor es un lamento.

El amor es muy bruto
que nos quiere gobernar,
el amor es impoluto.

———

Soñadora.

Abnegada trabajadora
del mundo de los sueños
y ellos son tus dueños
tú de ellos su señora...

Abnegada soñadora
en el mundo del trabajo
en la tajada y el tajo
más siempre cantora...

Y en tu canto llevas,
nos llevas a tu mundo
con canciones nuevas.

Pero del sentir profundo
haces salir de las cuevas
al profano y al oriundo.

———————

Navegar.

Se deshilachan las estachas, asas,
sostén de la nave en puerto al norai,
tal que sostienen las polimerasas
los hilos del adn, pero ganas hay.

De salir a navegar mar adentro,
de sentir en la cara los vientos,
de sufrir más de un tormento,
de volar por los sentimientos.

Tu mundo cerca de las deidades
Marinero que en tierra te mareas,
en las brisas, en las tempestades.

Hazte a la mar marinero, capitán
de los sueños y de las pasiones
que eso nunca te pedirá pan.

———————

Indefinidas causas.

Indefinidas causas, razones
y razón para la libertad poética,
simplemente sale del corazón,
latir, sentir con alma y ética. .

Poderoso jardín de ilusiones
y vergel de las historias épicas,
simplemente romper la sinrazón,
cantar, recitar, vivir, fonética...

Poetas, cantores y profetas,
no dejéis de soñar, de rimar,
de viajar, si el mal aprieta.

Rapsodas, títeres, marionetas,
no dejéis de bailar, de amar,
de volar, hasta alcanzar las metas.

————————————

Angosto caminar.

Angosto caminar, vereda
de miradas lisonjeras,
cual puñales y tijeras
que cercenan rutas de seda.

Apocado el poeta queda
por motivos y maneras,
por actuaciones ligeras
del sálvese quien pueda.

Varas de medir variadas
decisiones, composturas,
proyecciones anuladas.

Ahora quedan las fisuras,
las ilusiones mermadas,
el mundo se desconfigura.

———

Intrépidas olas.

Intrépidas olas del mar
que acariciáis mi costa
sin miedo, a toda costa
conjugando el verbo amar

Es como hecho aposta
para no tener que llorar
para no dejar de amar
en esta playa de Amposta.

Tierras valencianas
de arte y salero sin par,
tierras de gentes sanas.

Nunca dejes de cantar
tú que eres tierra hermana
de esas olas del mar.

———————

Tintas de amor.

Se descomponen en mi mente
del arco iris todos los colores
pues siento en mí los sabores
de tus tintas, eso simplemente.

Tintas de amor que embriagan
los corazones de los poetas
las estrategias y las tretas
que seducen y al final atrapan.

No dejes nunca por Dios...
de vaciar tus dulces tinteros
de esas tintas por Dios...

Que nos mantiene vivos
que nos hechiza el alma
y que nos tiene cautivos.

———————

Cuando ruge el amor.

Cuando ruge el amor
es el rugir de un león
en la sabana el señor
y dueño del corazón.

Y en las estepas primor,
y en las estepas... también
pues el león mi amor...
es todo lo que es el bien.

Cazadores y cazados,
en definitiva prendados,
amantes ilusionados.

Coherentes, abnegados,
fielmente emocionados,
simplemente enamorados.

———————

Comprendí...

Comprendí con absoluta inmediatatez, más no quise
entender que la vida con un poeta era impenetrable e
inaccesible.
El problema era que el poeta era yo.

Y ¿Quién se sube a un caballo salvaje? Te puede
descabalgar en cualquier momento y las consecuencias
pueden ser de pronóstico grave.

Descarta esa intención...
de amar a un poeta, un soñador
pues no podrá ser jamás tu señor
en otra dimensión está su pasión.

Abre tus ojos a la vida...
que un poeta es un vivo muerto
en el mundo de los vivos y los muertos
guíate por lo que te dicte la razón.

———————

Batir de alas.

Batir forzado de alas
en un entorno gris
que tiñó el celeste añil
en aquel mes de abril.

Malditas las palas
del vil albañil
que cavó la zanja
de la tierra naranja.

Luego vino mayo
para el cruel desmayo,
de mi capa, un sayo
y un golpe de mallo.

———————

Don Tomás.

Las manos yertas en cruz
enjuto el rostro enmascarado
con la dulce dama a su lado,
rendido el caballero andaluz.

Y las campanas al vuelo
doblan para anunciar...
que aquí en este lugar
se vive hoy un duelo.

Murió aquel Don Tomás,
pendenciero y saleroso,
cristiano hasta de más.

Pero no volverá jamás...
aspiró a su cielo hermoso
y en su cielo está Don Tomás.

———————————

Rama vieja.

Rama del álamo caída y rota
en mitad del camino de ida
a merced del viento querida
que fuiste y serás derrota.

Tallo viejo de noble madera
brillaste cuando fue tu hora
y que aspira a ser la señora
que arda un día en la hoguera.

Primorosa mía, calamitosa
es la dicha por ser desdicha
en el ocaso rama preciosa.

Más tu alma es la predicha,
participio inmaculado, rosa
de la alameda, eres mi dicha.

———————

Conocí a una poetisa.

Conocí a una poetisa…
y me enamoré de su voz,
conocí a una diosa feroz,
qué grandiosa premisa.

Timbre, música, canción…
caricias para un herido corazón,
baypass que arma una ilusión,
un soplo de aire fresco, razón.

Para seguir en el camino,
yerto en mi cueva desperté
en la oscuridad del destino.

Presto me dispuse, cabalgué
a lomos de su luz, no soy adivino,
ciego tampoco en ver mi sino.

———————————

Te prometí…

Te prometí un poema
y no sabía... no podía...
lo sabía, lo presentía,
no podía ser Emma.

Mi vida fue ese poema
que nunca escribía,
mi poema eras tú, lo vivía,
ahora muero, sin ti.

Lo sabía... sentía...
la sinrazón, el legado,
la desdicha, perseguía
la ilusión, hoy abortado.

Rendido y ajado...
preso de un amor, un pecado
que me mantiene vivo.

———

Quién supiera…

Quién supiera escribir...
Quién supiera escribirte...
decirte con su tinta y manifestar lo que siente...
Quién supiera escribir...
Quién supiera escribirte ese poema definitivo que
definiese lo siente...
Quién supiera escribir...
Quién supiera escribirte...
que tu cielo es su cielo y que supieses que eres su
ángel.
Quién supiera escribir...

———————————

Espinosas ramas.

Acaricio las espinosas ramas
de un rosal que quisieron ser corona,
en el suelo los pétalos dejan el rastro
de la última rosa que hoy se desmorona.

Víctima de los vientos y la corrosión
la rosa se marchitó para extinguirse
como se extingue el amor en mi corazón,
el crudo invierno abrigará las causas.

Indiferente a los recuerdos, latente
una paz que dio fin a una guerra
de iras, de sentimientos e insulgente.

Más no habrá jamás sobre la tierra
un amor comparable, ni omnipotente,
aunque vivamos esta soledad que aterra.

———————————

Quién tiene la llave…

Quién tiene la llave de la celda
que me tiene en esta prisión
quién atenderá a los lamentos
que gritan en mi corazón.

Quién tiene las respuestas
que me asfixian la razón
quién sabe dónde está la llave
que abre lo que hay en un cajón.

Donde guardaba mis pasiones
en un verano cualquiera
cuando escribía las canciones.

Que hablaban de primavera,
ahora sigo escribiendo
y me mantengo a la espera.

———————

Sibilinas causas.

Sibilinas causas, razones
oscuras, indescifrables,
misteriosas y confusas,
ininteligibles, execrables.

Condenados por juzgados
por la ley del látigo pertinaz,
en sumarísimo proceso
que quiere ajustar la paz.

Códigos de honor vacíos
por la cruel insumisión,
sumisos a otros líos...

Que nos manda el corazón
cábalas y entresijos...
que nos lleva a la traición.

————————

Fría mirada.

Adivino en tu fría mirada
el desamparo y no paro
de pensar en mi amada
y repaso y me reparo...

Repaso en mi recuerdo
aquel verano en el río,
crees que no me acuerdo...
tú me quitabas el frío.

Y yo te mecía en la cuna
de mis esos sentimientos
para mí solo hubo una.

La flor de mis lamentos
el río se hizo laguna
pero como tú ninguna.

———

Es el aura.

Es el aura un velo
que envuelve y abriga
que luce en la noche
y en el día a día…

Es la noche el techo
que se hace mi amiga
para abrigar mis días
de fría soledad.

Si no estás no hay día
ni noche para llorar
no, no, vida mía…

No hay nada que amar
sin ti no hay nada vida mía
ni hay noche ni hay día.

———————

Esferas de colores.

Dibujo en el aire esferas de colores con emoción,
y el viento las arrastra lejos de mi corazón,
se disipan al mirarlas como pompas de jabón,
Son las sibilinas causas que me quitaron la razón.

Y al viento las campanas lanzan su grito al cielo,
que se hace infinito, pues hablan de desconsuelo,
cuando no hay esperanzas ni hay cielos,
solo bordamos con penas pañuelos.

Para que sirvan de amparo, para borrar los te quiero,
y en un vuelo de gaviotas subirnos a otros cielos,
antes que tengamos que decir me muero.

Pero hasta las margaritas tenían celos
cuando aquel dia te decía te quiero,
cuando aquel era tu cielo y mi cielo.

———

Ligero de equipaje.

Con mis huesos de desguace
voy ligero de equipaje,
emprendo un nuevo viaje
en mi esbelto bergantín.

Con mi lagrimal si cauce
busco un vergel, un paisaje,
en mi mochila el bagaje
los restos de mi botín.

Una carga de sonrisas,
una historia que contar,
ya no acucian las prisas.

No escribo las premisas
que no me dejan rimar,
en mi mar me dejan solo... a..

———————

Pluma reseca.

No sale de mi pluma reseca la tinta
de mi tintero para un verso para ti.
no escribo ni una palabra escinta
en dos que hablaban de ti y de mí.

No abrigo las consonancias vitales
no articulo con vocales ni vocal
pues solo recuerdo aquellos males
que nos hicieron tanto mal.

No conjugo ya nunca el verbo amar
desde que se apagó mi estrella
que se desvaneció en el mar.

Solo desgrano hoy en mi mente
cómo hacer un nuevo presente,
cómo inventarme estar ausente.

———————

Todo está escrito.

Se desdibuja la esencia
pues como dijo un poeta
todo está escrito y dicho,
todo es la misma ciencia.

Deshojamos diccionarios
en busca de un adjetivo,
una, la definición exacta,
que no admita comentarios.

La cristalina presencia
de la definición de amor,
rebuscando en la conciencia
y que no nos cause dolor.

———————

Excusas.

No es que sea causa, una excusa,
es la razón de un poeta de verdad,
que solo vive en brazos de su musa
verdadera, que es su soledad.

Pues solo está siempre un poeta
aún sea en anarquista agorismo,
el poeta es monje anacoreta,
que solo vive en sí mismo.

La razón es la exposición, la única
no es la sobre exposición el motivo,
es enseñar su trivial túnica...

De monje que vive su pasión,
su maldición, su pasión...
lo que habita en su corazón.

———————

Rey de mi universo.

Sí, soy el rey de mi universo
a mi rosa le escribo en prosa
con mi dama hablo en verso,
y converso, son mi universo.

Son en mi vida la poesía
el canto de las sirenas
de delfines y ballenas,
son mis estrellas de día.

Y de noche son mis soles
para alumbrame el sueño
les canto y remato con oles.

Porque no tengo más dueño
que sus fragancias y olores,
son de mi jardín las flores.

———————————

Mi querido poeta.

Mi querido poeta y cantor,
no es bueno en el amor
el sistema del palangre
pues hace mala sangre...

Pues la pesca de pincho
es para coger algún bicho,
la merluza, o el esturión,
pero no para un corazón.

Pescador que en la mar
buscas tu presa marina,
mira que para amar...

Hay que saber soñar,
y es de otro costal esa harina,
hay que saber esperar.

———————

Ferrol.

Ferrol de mis amores
pescadora y marinera
tu fragancia, tus olores
que son mi quimera...

El acero fundido, forjado
en tus cunas de astilleros
el recuerdo de un pasado,
tierra de caballeros.

Ferrol de mis entrañas
de mi eterna juventud,
tú a mí no me engañas.

Y me curo en salud...
recordando mil hazañas
tú me das la plenitud.

———————————

Mi querida amante.

No me sentí más amado,
nunca me sentí más querido,
no estuve más ilusionado
que cuando estás a mi lado.

No me sentí más calmado,
nunca me sentí más marido,
no estuve más entusiasmado
que cuando estás a mi lado.

Ya no pienso en el pasado,
ni en mi corazón herido,
no estuve más animado...

Que al tenerte a ti de verdad,
que al tenerte aquí a mi lado
mi querida amante... soledad.

———————

Toscas miradas.

Toscas miradas en el ambiente,
baladas que no son bailables,
emociones del todo inestables
mientras en mi alma ardiente.

En esta presencia más ausente,
desdoblado en mi inestabilidad,
en busca del todo, una realidad
interna y externa incontestable.

Miro al cielo y en él me integro
pues es ese mi futuro inevitable
mientras aquí me desintegro.

Palabras de todo sentido carentes,
palabras al viento de perfil negro,
alevosas, frías e inconscientes.

———————

Paraísos.

No hay puertas en los paraísos,
no hay fronteras ni pasaportes
que impidan lo que le aportes
a los sentires precisos, concisos...

De los galopantes soñadores,
no hay grises en las miradas,
no hay imágenes veladas,
de su sueño son los señores.

Los pensadores, los poetas,
sus letras son las verdades
sinuosas curvas coquetas.

Antítesis de las vanidades,
el discurso de los profetas,
compañía de sus soledades.

———————

Pies en el suelo.

Tengo mis pies en el suelo
y mi cabeza en otro mundo,
a veces hasta me confundo
si es un infierno o es un cielo.

Me subo en mi carrusel
busco los ritmos y tonos,
procuro rimar y entono
mis cantos en el papel.

No me distrae ni ese ni aquel,
me inundo de fantasía
y versos acumulo en un tonel.

Unos son de mi alegría
otros mojan el papel
pero todos del alma mía.

———————————

Se ilumina la noche.

Se ilumina la noche
cuando una princesa
muestra con derroche
su exclusiva belleza.

Y se rompe el hechizo
al subir a la carroza
pues su trabajo hizo
y vuelve a su choza.

Que es palacio sin par
como ha de ser el suyo,
un lecho para descansar.

Un castillo mío y suyo
donde podemos hablar,
y donde darnos arrullo.

———————

No mires…

No mires con tus ojos lindos
la deslumbrante oscuridad
que tu mirada habla de verdad
como los tropicales tamarindos.

Abre tus ojos a esa luz
encendida en tu corazón
pierde un poco la razón
mirando este cielo andaluz.

Retoza en esa campiña
sueña en esta madrugada
como cuando fuiste niña.

Que la noche está velada,
vive, avanza, escudriña,
en esta mañana dorada.

––––––––––––

Cumpleaños.

Hoy es un día grande
pues quiso el cielo
disfrazar un otoño
de fresca primavera.

Acertó a la primera...
pues trajo al mundo
un ángel y su sonrisa
nos caló profundo.

Y no me confundo
noviembre nueve
es una quimera...

Noviembre nueve
nos trajo la primavera...
pues tú viniste al mundo.

———————

Noche de San Juan.

Caballito de cartón
mi querido alazán
que una noche de San Juan
viniste a mi corazón.

En el sobrio arenal
corrimos mil batallas,
y en las doradas playas
fuimos historia real.

Tú mi hermoso corcel
donde mi niñez galopaba
a tus lomos y te guiaba
con un trozo de cordel.

Hoy luces en el desván
con tu ajado cartón
mi querido alazán
pero en mi corazón...

Hay un pedestal
hasta que yo me vaya
en la última batalla
que también será final.

Más en este papel
cuando te recordaba
mi mente me llevaba
al verano aquel...

Donde siempre están
tu piel de papel
mi querido alazán
de una noche de San Juan.

———————

Otoños.

Se desmelena un bosque
que se tiñe de otoñal
pues ya no es primavera,
se desbroza la pineda...
pues quiere ser la primera
en recibir al invierno,
calor dulce y tierno
que calma la tempestad
y mi alma se despierta
en una isla desierta.

Y en esa arena bendita
me curo yo de mi mal
cuando ya no es primavera,
me desbrozo cual pineda...
abandono la quimera
al recibir este invierno,
para mí un infierno
de exquisita soledad
y mi alma se despierta
en una isla desierta.

———————

Ruleta rusa.

Se rifaban los destinos
en una ruleta rusa…
yo que pensaba en musa
con más de un desatinos…
me subí a una carambola
pensando que era mi ola…
y en la ruleta el destino
reservaba para mí…
un sin querer, un pañuelo
un maniquí, un terciopelo,
un billete para el cielo…
un no te quiero querer,
una muesca en el sombrero,
la cruz en una moneda,
una sonrisa de mujer.

———————

Relatos y reflexiones.

Conocí a un poeta...

"Una vez conocí a un poeta y me enamoré de sus letras". Cuando oí estas palabras por primera vez no comprendí que no era consciente de que detrás de un poeta hay un ser humano mortal.

Pero tal vez quiso matarlo con el fin de endiosarlo, y no es buen asunto porque los dioses son muy envidiosos, y hay que dejar siempre los rasgos de una imperfección para que no se enfaden.

Fue entonces cuando se plasmó esa imperfección y se consumó.

Lo que no es mortal es el alma y eso es imposible destruirlo. El poeta muere pero su alma no.

Hoy vuelvo a oír las mismas palabras, pero mi corazón recosido es frágil y no admite más suturas y solo tiene un objetivo... dejar de latir para descansar en paz.

———

Me tiré de aquel tren.

Me tiré de aquel tren en marcha, no sé si me empujó la sensatez o la razón, después del descomunal batacazo que casi me dejó sin sentido, sentí que no era mi tren. Ahora espero que pase otro, no importa el destino que lleve, cerraré los ojos para no ver adónde se dirige.

Tengo aquí la típica silla de director, solo tengo que poner mi nombre y dirigir la película de mi vida. No hay secretos ni sorpresas, el final es el que es, pero la trayectoria no. En un cambio de vías todo puede cambiar y tomar el desvío a paraísos desconocidos.

Vi pasar por la otra vía aquel tren que abandoné... iba lleno, atestado de penas insalvables y no me reí no... Simplemente me sumé al rezo por las almas en pena que por allí iban.

Al llegar a la estación término miré el cartel del destino de mi tren... ponía Alegría.

———————

Me gusta mucho…

Me gusta mucho hablar contigo… Sobrevolaba Platón mientras se erizaba la piel y las palabras eran esclavas del silencio. Hubiese roto el cristal para entrar en ella, y despejar la distancia para sentirla.

Los pulgares temblorosos intentaban teclear, puntualizar la ortografía sin errores de cálculo. Y a mí también…

Las agujas del reloj eran enemigas lanzas que amenazaban inexorablemente un adiós no deseado. Pero los días aceleran para abrirse camino en la noche y la luz del día siguiente apaga las posibilidades.

Se dormía Platón y despertaba un Séneca para ir a la práctica, la sabiduría y la virtud que son la meta de la vida moral, lo único inmortal que tienen los mortales.

Pero nunca nos decimos adiós, preferimos el hasta luego, que es el después, lo que ha de llegar infaliblemente.

———————————

Apareciste...

Apareciste como aparecen los espejismos en un desierto, y mis labios agrietados y sedientos se lubricaron para poder besarte. No quisimos ni mi caballo ni yo mirar al horizonte pues sabíamos que habíamos llegado a destino.

Ni un tropezón más, ni más lomas por remontar, ni más barrancas por sortear, ni más ríos que vadear.

Sentados frente a un fuego que se convirtió en hogar vimos llegar la noche estrellada como nunca y la Luna parecía reír de felicidad.

En menos tiempo que se persigna un cura loco, un golpe seco me despertó y los labios volvieron a estar secos como una mojama. La mirada de mi caballo era de aquellas que dicen... serás infeliz... y tuvimos que volver a mirar al horizonte y cabalgar a la grupa de la esperanza una vez más.

Sinuoso perfil.

Paseo por el sinuoso perfil que dibujan los oleajes y mojo mis pies en este mar azul por excelencia, y no paro de pensar en su grandeza y de los misterios que guarda en sus entrañas. Cuando queremos manifestar grandeza usamos al mar... "un mar de dudas". Cuando queremos guardar secretos se los contamos al mar pues sabemos que es guardián de los secretos y profundamente misterioso. Cuando queremos hablar de amor... hablamos con el mar... pues es origen y destino de todo.

Hoy día sabemos más del lejano Universo que del cercano mar y sus profundidades.

Paseo por el mar y mojo mis pies en la orilla como hilo conductor de todos mis sentimientos.

———————

Momentos.

Estaba en esos momentos donde te preguntas si vale la pena seguir. Esa incertidumbre que tiene un artista que peina canas. Y has sido tú, aparecida en un espacio virtual que ha conseguido la virtualidad de hacerme reaccionar y seguir.

Nos conocimos apenas hace tres días y de forma virtual y parece que nos conociésemos hace veinte años. Claro que le había explicado dos guerras, no sé cuántas batallitas y rollos diversos, en tres días sabía más de mí que quien me conoce de siempre. Y yo la conocí también porque además de escritor soy lector... pero me refiero a lector de ojos... y en el primer instante, bueno primero me tuve que limpiar las gafas, y en el segundo instante leí en ella lo que significaba su mirada. Los ojos son las ventanas del alma y las sonrisas la entrada en ella. Y ella abre su corazón y su alma en todo, es por eso que quedé atrapado, hasta resistí los ecos, las molestas reverberaciones. Y al oír su voz quedé con la boca como un tonto de feria, embobao, en todas las ferias hay un tonto y en aquella era yo. Ahora espero ir otra vez a la feria, pero solo para verla y escucharla a ella. Así somos los tontos. Todos tenemos un poco de Forrest Gump.

———————

Ilusiones y fantasías.

Las ilusiones y las fantasías son la fuente de la vida, y es ahí donde debemos aferrarnos con firmeza. La juventud es un tesoro por explotar, es la cuna de los sentimientos que un día serán realidad.

Los grises se volverán blancos y negros nítidos y sabremos despejar el daltonismo de nuestra mente inmersa en un mar de dudas existenciales. Lo podemos querer llegar a la meta anticipadamente, la meta es un presente por llegar, no podemos viajar en el tiempo, es un espejismo y hay que esperar. Todo lo que ha de llegar llega, es absurdo pensar que no. Lo que no llegará nunca es aquello que es una utopía y nada más. Forzar amores, estar enamorado de un imposible es un camino del laberinto sin salida.

Otras vidas esperan que quieras seguir su camino, y no podemos cerrar puertas, si se cerraran todas estaríamos muertos.

———————

Dicen…

Dicen que desataba nudos que no le sometiesen ni coartasen su libertad, y anclado en su mundo particular vivía con su verdadera musa… la soledad. Pero el oráculo tenía reservada para él una inesperada sorpresa, el nudo gordiano que era la puerta de un imperio. Las miradas eran penetrantes y los comentarios iban de un lado a otro sembrando dudas. Su espada no era de acero forjado, sino de tinta indeleble… y qué difícil es ganarse un imperio con palabras… y qué fácil caer al vacío en cualquier momento.

Solo necesitaba un impulso, una ilusión para deshacer en embrujo, no hay límites para soñar ni para las fantasías. Sostuvo firmemente su pluma y entró al quite… abrió en canal su alma y dejó fluir los sentimientos que guardaba como oro en paño. No tardó en llenar el vacío y preñar de manifiestos y de versos decisorios, sentencias firmes que avalasen la firmeza y la convicción. Aún resuena el eco de su voz mientras se alejaba al exilio diciendo aquello de… "Caminante no hay camino". E iba dejando tras él aquellas "Estelas en el mar".

———————

Buena nueva.

Parpadean los brillos que anuncian la buena nueva, y a lo lejos un coro de pajarillos cantores despierta a Don Hilarión. También se despiertan los automatismos, la robótica entra en acción, todo está programado de forma deliberada. Lo que no está previsto es la canción que suene en cada momento y que haga despegar los párpados de Don Hilarión. Hoy suena... La manteca colorá... colorá... colorá... la manteca colorá... colorá... Sin duda se va a despertar el hambre con eso, sin embargo un café cargadito será suficiente para arrancar, tal vez unas gotitas de éter, que es muy detonante, y Don Hilarión está provisto de un corazón Diésel de los antiguos. ¡Vaya! Esto es otra cosa... Por tiiiii... volareeeeé... por cielo y por tierra... yo volareeeeé... Abriendo mis ojos por tiiiii... Ahora sí, está la cosa clara, toca volar un día más. Ya silba la cafetera como queriendo poner el fondo musical y los primeros fluidos del aroma despertador. La pluma en el escritorio espera paciente que le llegue su hora. ¿Qué saldrá hoy de sus entrañas? ¿Tal vez una historia de amor? O quizás un poema, ¿por qué no? Ya se verá.

———————

Cuántos quisieron…

Cuántos poetas quisieron definir el amor... se podría decir que todos. Uno de los más acreditados y aceptados es el soneto de Lópe de Vega, ahora nos lo recuerda un anuncio en televisión, pero después podemos encontrar miles y miles, incluso Bécquer en sus poemas exacerbados. Pero la contradicción que plantea Lópe es para muchos la más acertada. Y es que el amor es el sentimiento más fuerte que existe y su fundamento es una dicotomía en sí mismo. El enamoramiento tiene una vertiente peligrosa y dolorosa. Pues amar consiste en entregar todo y tiene que tener reciprocidad, de lo contrario se convierte en esclavitud. Cuando se ama sin condiciones y sin esperar nada es esclavitud. Y es ahí donde se debe incidir para determinar si someterse a esa esclavitud o por el contrario mantener la libertad individual. No es fácil, resulta muy complicado tomar esas decisiones. Tal vez sea inteligente amar pero con límites, hoy día se practica y se vive más en el estadio de la emoción que en el sentimiento propiamente dicho. Tiene sus ventajas, pero las emociones suelen ser efímeras, temporales, los sentimientos no.

———————

Navegaba.

Navegaba a bordo de mi balandro, tres palos y tres esplendorosas velas al viento, y una fuerte tempestad lo hizo zozobrar. Angustiosos momentos de un naufragio que me llevó al minúsculo bote salvavidas. Un solo remo y nada más, atrás quedó la grandeza y los días y noches de travesía. Atrás quedaron los puertos y los amarres, los destinos. Atrás quedan caminos que recorrí incansable donde no queda rastro más que estas huellas de mis escritos. Atrás quedaron las promesas y las ilusiones y las pasiones. Difícil sería describir los besos que también quedaron en el olvido. Me quedo con lo bueno, bonita frase que se dice cuándo es cierto que algo hubo malo. La verdad es que me quedo con todo, bueno y malo, pues es el balance de una realidad incontestable.

———————

La juventud.

La juventud es ese período del descubrimiento de promesas que han de llegar, de las incertidumbres y de toma de decisiones aún precoces, sin embargo decisivas.

La juventud es no tener prisa y en cambio vivir a toda prisa, deshojar margaritas, entender las fragancias, escuchar canciones que hablan de amor.

La juventud es el forjado de las columnas que han de soportar la estructura de una vida, la configuración del rascacielos de los sueños y los anhelos.

La juventud es ese tesoro que debemos mantener más allá de ella misma y decodificar los secretos de la felicidad futura.

La juventud es la espera que desespera, pues se ha de consolidar a lo largo de la vida hasta alcanzar la madurez.

———————

Eclipses.

La luz de una estrella jamás se eclipsará tapada por un asteroide, ni siquiera la Luna eclipsa del todo el brillo del Sol.

No son las almas, son los caminos oscuros del laberinto de los que hay que huir. El camino de una estrella es firme y recto, además de cabal.

Y es ahí donde hay que apuntar, al aplomo de saberse estrella y no rendirse ante las oscuridades que son siempre pasajeras.

La pérdida de la órbita de un astro produce cataclismos, y por eso no es bueno salir de la órbita ante un fenómeno trivial y fugaz.

Cada vez que una estrella se rinde el universo llora por ella. Pensémoslo.

La mística.

La mística es aquello en lo que nos aferrarnos aun siendo no creyentes, pues la luz de la esperanza vive en nosotros y la forma mística es la extrapolación de sentimientos profundos.

El Cristo es la simbología del calvario, el dolor ante los acontecimientos de la vida, un lenguaje alambicado del sentir arraigado de nuestros mayores, como decía Machado.

La Cruz es el signo del sacrificio en aras de lograr la plenitud, la luz al final del camino, el infierno es el lugar desde donde vemos el cielo metidos aún en la caverna de nuestra existencia.

El existencialismo no es religioso ni se guía por doctrinas de fe, es pura ciencia de vida. Y solo desde ahí se puede entender el sentido de la vida.

———————

La envidia.

La envidia corroe las entrañas de los débiles de espíritu que para enmascararlo enfurecen ante la frescura de la juventud y el carisma de un verdadero artista, que por haberse hecho a sí mismo y labrarse un camino desata esa furia propia de los envidiosos.

Pero la grandeza de un artista reside en su humildad y hacer su trabajo por amor, sí por amor al arte. Y eso se manifiesta en la personalidad de un gran artista que acabo de conocer y que con su polifacético arte me ha conquistado, a mí y a todos los que amamos el arte en todas sus vertiente.

Quiero agradecer y honrar la figura del que ya es un buen amigo para mí Pablo.

———————

Mi mar de fantasías.

Me desconfiguro en mi poliédrica estructura y empuño el pincel para dibujar los más lindos colores en el inmaculado lienzo de tu mirada.

Defino con precisión los matices del color de tu alma con el blanco inigualable de Velazquez y desencadeno la luz que veo en ti como hizo el pintor de las luces Sorolla con el mar.

Y es mi mar de fantasías y de ilusiones el que plasmo en mi obra que lejos de dominar las acuarelas y los pigmentos los sustituyo con mis letras que tienen el color infinito de las verdades incontestables.

Es el arco iris de la palabra escrita, la geometría invariable "del dicho al hecho", la realidad por derecho.

La mona lisa, el retrato de las mil sensaciones que solo es la de los ojos que la miran.

———————

Espejos y espejismos.

Quise descifrar una realidad relativa... alguien dijo... "La Luna es el Sol en la noche", sin embargo no es del todo así.

La Luna es un espejo y como tal da una imagen invertida del Sol. Solo tendremos la imagen del Sol mirando a la Luna con otro espejo.

Pero si entendemos esto filosóficamente la inversión de algo es lo contrario, y por lo tanto la Luna es la reina de la oscuridad.

Pero si queremos ver la luz solo tenemos que eliminar el espejismo a través de otro espejo y de esa forma estaremos ante la verdadera luz del Sol.

En definitiva la luz vive en nosotros y somos dueños de ver la luz o por el contrario ver espejismos y realidades relativas.

Me lo ha dicho la Luna.

————————

Unos ojos verdes.

Quise dejar de mirar en unos ojos verdes el color de mi esperanza, pero fui a hablar con el mar... y una brisa de levante me trajo la fragancia y el aire fresco que me devolvió el aliento.

La profundidad del Mediterráneo acumula todos los colores y las mejores naranjas del mundo son valencianas, fue esa fruta la que me liberó de la acritud de un amor verde que se tornó gris.

Como dijo la poetisa uruguaya... soy un abanico... sí, así eres tú un abanico abierto, pues tu corazón abraza y abriga... eres mi amiga. Y yo ese truhan catalán, el viejo galán que te lleva dentro de su capa para protegerte y llevarte a tu cielo que es la casa de las estrellas, y ese es tu hogar.

———

Castillos en el aire.

Los castillos en el aire son para los cuentos de hadas y princesas, lo malo es que carecen de cimientos y son pasto del viento reinante. Y en occidente no hay harenes, la reina es reina y las demás plebeyas al servicio de un rey. Si metes tus zarpas en un reino que no es el tuyo, será el propio rey quien te castigue por desacato a su poder omnipotente.

Es más fácil que pase un camello por el ojo de una aguja que un rey pierda su reino por un caballo.

En el reino de Caifás solo hay conspiración y las conspiraciones acaban siempre del mismo modo.

En la cultura Inca hubo un diablo, demonio. Añas Ñusta inca, esposa secundaria de Huayna. Los diablos son siempre conspiradores.

———

Oscuridad.

Me senté de nuevo en el mismo banco del parque, lucía
un sol radiante en esa mañana de otoño, un anciano vino
a sentarse a mi lado, enseguida noté que sus ojos no
percibían la luz.
Me gustaría que me hicieses un favor... me dijo. Por
supuesto... Le contesté, lo que precise. Me pidió que
dibujase en su me el mundo de los colores. Y... Le dije...

La luz es eso que tú ves...
en tu infinita oscuridad
pero disfrazada de colores
para cubrirla de verdad.

Cada color es una fragancia
que dibujas a tu voluntad
el verde es una manzana,
el azul la paz del cielo y el mar.

El blanco es tu alma serena
y clara que se disfraza en tus ojos
que ven otra realidad, pero plena.

Tú eres el arco iris encendido
en mi corazón, rojo de pasión,
de colores que veo en tu mirada.

———————

Qué lejos.

Qué lejos quedó la primavera al mirarme en el descarado
espejo, y que lejos aquel estío en que nos heló el frío.

El otoño fue un suspiro fugaz y un retoño, la ladera de
un río... donde el cauce remansa, pues cede el brío.

Ahora ya es invierno en el corazón mío, ya no paso frío...
pero ya no hay primaveras, ni calurosos estíos, ya se fue
el otoño, ya llegó el infierno, ya llegó el invierno...
corazón mío.

———————————

Renacer.

Me gusta renacer cada mañana como el Sol por levante...
y me levanto con mi estrella y dormirme en el Pacífico
acunado por mi estrella de poniente pacíficamente y me
duermo.
Y sueño con ellas noche y día, pues sin ellas no hay días,
ni noches, y yo soy el rey de mi universo.
Hablo de día con la dama de noche y por la noche con la
rosa de mi jardín.
Son mi norte y mi sur, mi levante y mi poniente, mi vida
y mi muerte, ellas son mi pasión.

———————————

Escarpada montaña.

Al alcanzar la cima de la escarpada montaña y superados los efectos del mal de altura, logré divisar en el otro lado, otra vertiente que aunque sugerida por la intuición siempre presenta aspectos inesperados.

Un manto de verdes campiñas eran la antena que me conectaba con algo que jamás imaginé, la esencia de una poetisa, una diosa de los sentimientos y las pasiones, de los deseos puros sin contaminación. La luminosidad era deslumbrante y el canal abierto de una utopía que dejó de serlo.

La realidad supera siempre a la ficción porque toda ficción se convierte en realidad, menos las estupideces.

Qué estúpido fue al pensar que sería profeta en mi tierra, pero en otro valle, en otra tierra se puede plantar el árbol de la esperanza, el verde que se convierte en rosa y en azul y en rojo, el abanico de colores que vive en una dama de tan singular esencia. Pero su verdadero color es el blanco, de la pureza de su espíritu, la unión de todo el arco iris, el sueño de un poeta.

———

Paredes rocosas.

Alicatar las paredes rocosas de un acantilado no es fácil, pero si Dalí fue capaz de poner el huevo de Colón, y muchos más en las torres y alamenas de su castillo, significa que no hay nada imposible para la redondez, y doblegar el tiempo en relojes que se desdibujan y se funden es su propia esencia pues tampoco es imposible.

No somos genios ni sabios, somos obreros de una construcción guiada por los que sí lo fueron, somos la parte viva de lo que se quiere perpetuar y por eso seguimos los pasos de sabios y genios.

Dibujo la redondez imposible de un esencia y tus encantos, deshaciéndome día a día para integrarme en ti.

Deshojo una margarita por la mañana y sus pétalos pares siempre dan la misma respuesta... te quiero... sí... lo dice una margarita.

Zapatos viejos.

Cuando me dejaste en aquel rincón de los zapatos viejos, en donde habitan los olvidos, me reciclé y me abracé a tu alma para convertirme en ser de luz, esa luz que ha de alumbrar tu camino, y el mío.

Cuando se rompió el cristal de nuestro color favorito y todo se volvió gris, me subí al arco iris para pintar tus sueños de colores infinitos y el verde desató su esencia de esperanza.

Cuando se borró el futuro roto por un acuciante presente, me convertí en pasado, en el baúl de recuerdos imperecederos que me llevé a mi cielo para perpetuarme en ellos.

Cuando eso sucedió mis zapatos brillaron como si fuesen de charol y mi corazón escarchado latía como el primer día que te amé, y no sabré nunca cuál será el último...

———————

El amor.

El amor es una flor de cristal sostenida en su tallo, si la
sabia deja de fluir la flor cae y se rompe en mil pedazos.
El amor es un velero empujado por el viento, si hay una
tempestad zozobra y se hunde sin más remedio.
El amor es fragancia y consuelo, pero una vez en el suelo
es pasto de los pisotones pues ya no es flor atrayente.
El amor es una barca en un estanque que viene y va
repartiendo en sus orillas las olas que quisieran ser mar.
El amor es el sueño robado que salió de paseo mientras
dormía un poeta.

———————

No quise preguntar.

No quise preguntar ¿por qué, ni cómo, ni cuándo? Solo me preguntaba… ¿por qué no fue antes que llegase a mí?

La habitación del hotel se convirtió en un palacio y las miradas eran lascivas pero la ternura prevalecía en el entorno. No me había fijado que era un hotel medieval, y sin embargo no importaba nada, solo la veía a ella. La luz atenuada dibujaba tonos grises que se difuminaron con el resplandor de sus ojos verdes y era una primavera en otoño. Al desprendernos uno al otro los incordiantes ropajes, mis dedos temblorosos y afilados querían tocar su piel. Y escalé por su contorno de curvas imposibles, garabatos que dibujaban la redondez exquisita de su cuerpo desnudo. Los labios sedientos de besos querían sentir ese sabor a uvas con queso. Y nos besamos, nos besamos tanto que se pararon los relojes. No había espacio ni tiempo, era un celestial momento y nupcial. Las sábanas nos gritaban y atendimos su llamada. Sabía bien por dónde no empezar, lo que no sabía por dónde hacerlo pues tenía delante a una diosa y un jardín encendido. Su aliento era una brisa con sabor a fresa y sus jadeos al acariciar sus hermosos pezones erectos eran rosas que perfumaron la estancia.

Recorrí todos y cada uno de sus recodos y en la última estación me paré... una cascada de fluidos empaparon mis labios que abrían un camino de amor. La besé como nunca lo hice antes, y volví a besarla para cerciorarme que no era un sueño.

No fue una penetración, entré en ella con la misma sutileza que ella entró en mí. La sangre a galope nos mantuvo en el zenit y no habían dudas estábamos juntos, insertados el uno con el otro. Ella recorría mi cuerpo con esa suavidad que abduce y enamora, yo ya estaba enamorado y ahora más. Al mirarnos nos dimos cuenta que ya no éramos dos, éramos uno solo.

Un deseo era que durase siempre, y así lo dijimos con las miradas encendidas con la luz de un gran amor.

———————

Dedicatoria.

Quiero dedicar este poemario a mi gran amiga y poeta Elena Cases, por su apoyo y ayuda en aquellos momentos en que se nos pasa por la cabeza tirar la toalla y abandonarlo todo.

Se nos hace difícil creer en que siempre tenemos un ángel de la guarda y sin embargo así es, no tengo ninguna duda pues ahora entiendo ese concepto de amor universal basado en un punto de vista eminentemente platónico pero ciertamente puro.

Juan José Donaire García

Juan José Donaire García, (1954)
Letrado, poeta y escritor autor de obras
como Te hablo a ti, Aquel nuevo
amanecer, en el apartado de novela y la
saga Jack Norton, detective privado.
Y Poesía "sine qua non" y ¿Quieres ser
poeta?

Sinopsis:

Aprovechando la frase de Nietzsche...
"No hay verdades, solo interpretación".
Todos los poetas interpretan el concepto de musa en la
imagen de las personas que provocan su inspiración,
independientemente de que sean o no de la relación que
tengan con ellos, que es esa verdad inexistente.
Y este poeta tiene su Calíope de bella voz a la que dedico
este poemario.
Sin embargo, la verdadera musa de un poeta es la propia
vida y los sentimientos puros, especialmente el amor
universal.
El poeta se inviste de Orfeo, hijo de Calíope para con su
"arpa", (poemas), calmar a las fieras y hacer descansar a
las almas.

Copyright © Juan José Donaire García